MONOGAMIE

ET

POLYGAMIE

A LA MÊME LIBRAIRIE

DU MÊME AUTEUR

I. UN GANT. — AU DELA DES FORCES, première partie. Un volume in-18, avec préface d'Ernest Tissot, traduction d'Aug. Monnier. Prix. 3 50

II. LÉONARDA. — UNE FAILLITE. Un volume in-18, traduction d'Aug. Monnier. Prix 3 50

III. AMOUR ET GÉOGRAPHIE. — LES NOUVEAUX MARIÉS. Un volume in-18, traduction de MM. Aug. Monnier et A. Albène. Prix 3 50

IV. AU DELA DES FORCES, seconde partie. Un volume in-18, traduction de MM. Aug. Monnier et Littmanson. Prix 3 50

SOUS PRESSE :

LE ROI (traduction d'Aug. Monnier).

ÉMILE COLIN. — IMPRIMERIE DE LAGNY.

BJÖRNSTJERNE BJÖRNSON

MONOGAMIE

ET

POLYGAMIE

TRADUCTION DE MM.

Auguste MONNIER & Georges MONTIGNAC

Préface de M. Emile FAGUET

PARIS

P.-V. STOCK, ÉDITEUR

(Ancienne Librairie TRESSE & STOCK)

8, 9, 10, 11, GALERIE DU THÉATRE-FRANÇAIS

PALAIS-ROYAL

1897

BJÖRNSTJERNE BJÖRNSON

MONOGAMIE

ET

POLYGAMIE

TRADUCTION

De MM. Auguste MONNIER & Georges MONTIGNAC

Préface de M. Emile FAGUET

PARIS

P.-V. STOCK, ÉDITEUR

(Ancienne Librairie TRESSE & STOCK)

8, 9, 10, 11, GALERIE DU THÉATRE-FRANÇAIS

PALAIS-ROYAL

—

1897

Cher monsieur Monnier,

Je mets bien volontiers « quelques mots d'introduction », comme vous me l'avez demandé, à la plaquette de Bjœrnson que vous avez pieusement traduite.

C'est un beau sermon laïque et vous avez bien fait de le mettre à la portée des lecteurs français. Je crois, comme Bjœrnson, qu'une immense force vient à l'homme du respect de la femme, et je change assez souvent, quand je les cite, les vers de Victor Hugo, en substituant « femme » à « vieillard », de manière à leur faire dire :

Pierre à pierre, en songeant aux croyances éteintes,
Dans la société qui chancelle à tous vents,
Le penseur reconstruit ces deux colonnes saintes :
Le respect de la femme et l'amour des enfants.

Or, une des formes de ce respect est certai-

nement la sévère et vraie monogamie. En vérité, il faudrait commencer par dire qu'elle
est d'abord le respect de soi-même ; mais
disons qu'elle est le respect de tous les deux,
et qu'il n'y a que tout profit pour l'homme à
respecter sa compagne, à cause de lui-même,
ou lui-même en considération de sa compagne, ou tous les deux ensemble par respect
de la société et souci de l'espèce. C'est le commencement même et la source profonde de toute
sagesse sociale.

Il y a un peu d'excès peut-être, ou plutôt
une vue incomplète, dans cette idée de
Bjœrnson que la guerre américaine « pour
l'Union » a été une guerre contre la polygamie. Ce n'est pas, pour autant, une idée fausse.
L'esclavage et la polygamie vont toujours de
pair, et l'une, quand elle n'est pas le résultat
tout naturel de l'autre, en est encore une dernière forme, atténuée, sans doute, mais très
réelle, non douteuse, et, de l'esclavage, ayant
encore quelques-uns au moins des déplorables
effets.

« Posséder un grand nombre d'esclaves c'est
encore admettre la polygamie » sans même la

dissimuler ; « et la guerre contre l'esclavage était aussi une lutte contre la polygamie, dont on voulait enrayer les effets démoralisateurs ». Bjœrnson n'aurait pas besoin de citer une très belle page de Robert Ingersoll, qu'on trouvera plus loin, pour prouver qu'il y a au moins beaucoup de vrai dans cette considération.

La guerre « pour l'Union » fut une guerre « économique », avant tout ; mais *la popularité de la guerre pour l'union*, et par conséquent sa force, sa persévérance, son opiniâtreté et, en définitive, son moyen de victoire, fut la grande idée morale, religieuse, civilisatrice qui s'y trouvait mêlée par ce fait qu'abolir l'esclavage c'était abolir une forme sordide de la polygamie et en conjurer les déplorables résultats.

A-t-on assez traité cette question de l'abolition de l'esclavage par le christianisme aux premiers siècles de notre ère ! Eh bien, là aussi, la vérité est complexe. La révolution ou plutôt l'évolution qui, très lentement, fit tomber l'esclavage en désuétude, fut une révolution économique ; mais cent textes prouvent que le christianisme y contribua, en ce sens qu'il avait en horreur et qu'il condamnait comme contraire à la loi chrétienne l'état presque nécessaire de dépravation morale où le fait d'avoir des esclaves mettait et maintenait les maîtres.

Qu'on ne s'y trompe pas : les tendances, fâcheuses du reste, et que je ne songe pas à approuver, du christianisme, contre l'état de mariage, ne viennent pas d'un autre principe et n'ont point d'autre origine que son horreur initiale contre la polygamie. Sans doute c'est pousser loin que, par horreur de plusieurs femmes, aller jusqu'à considérer comme dangereux d'en avoir une ; mais ce n'est que l'excès de l'effroi qu'avait inspiré aux premiers chrétiens la décomposition sociale résultant de l'esclavage et de la polygamie, l'un comportant l'autre.

Le monde au second siècle avait soif de pureté ; et ce n'était qu'une forme du désir de conservation, qu'une forme du vouloir vivre ; car, comme l'a très bien dit M. Zola, que Bjœrnson aime à citer : « Les purs sont les plus forts. »

Tout ce qui sera fait contre cette polygamie dissimulée, contre cette polygamie officieuse qui est celle des peuples d'Occident, sera donc éminemment salutaire, éminemment favorable au maintien et au développement de l'espèce, et selon le point de vue où l'on se placera, patriotique ou humanitaire, et, en fin de compte, humanitaire et patriotique tout à la fois.

Bjœrnson a mille fois raison de prêcher de toutes ses forces le mariage jeune, le mariage d'inclination et le mariage sans dot. Ces choses vont ensemble et ne peuvent pour ainsi dire point se séparer.

Schopenhauer nous dirait : « Ce n'est que dans la jeunesse que le Génie de l'espèce fait entendre sa voix, et commande à chaque être, et lui indique l'être qui véritablement sera complémentaire de lui, compensera ses défauts, mettra ses qualités dans tout leur jeu, le tout au profit de la race. Plus tard cette voix est étouffée par celle de l'intérêt, de la « raison raisonnante », par une foule d'autres voix qui, précisément parce qu'elles ne sont plus naturelles, sont parfaitement anti-sociales. Donc il n'y a vrai mariage d'inclination que de jeunes gens. — Quant au mariage riche, il devrait déshonorer un homme, absolument comme la prostitution masculine ; car je voudrais bien savoir en quoi, sauf questions de forme, il est autre chose. — Et il est le plus grand ennemi du Génie de l'espèce qui puisse être. Il étouffe sa voix complètement. L'homme qui cherche une dot fait, plus ou moins consciemment, mais il fait le ferme propos de ne tenir aucun compte de ces suggestions de l'instinct qui lui feraient choisir, à peu près, la femme précisément complémentaire et compensatrice de tout ce qu'il est lui-même. — Chose amusante, c'est le génie de l'espèce qu'invoque en son langage l'homme qui fait un « beau mariage ». Il dit : « Ce n'est pas pour moi, ai-je besoin de rien? C'est pour mes enfants. Je veux qu'ils trouvent un nid. » D'abord ce n'est pas vrai. L'homme qui tient ce raisonnement ne songe pas à ses enfants; il songe à lui ; il songe, très prévoyant, à ce que ses enfants lui diront quand ils seront grands ; il songe aux reproches qu'ils lui feront de n'avoir pas amassé, ou ramassé, pour eux une fortune que d'autres ont bien, et à laquelle ils avaient droit. Voilà à quoi songe notre homme. Il songe à avoir une vieillesse honorée et respectée par de petits bourgeois naturellement vénérateurs du Dieu Dollar. — Et ensuite il est curieux que le souci de l'espèce soit invoqué par celui-là même qui, ne tenant aucun compte de ce que l'Espèce réclame dans l'union des sexes, fait le mariage le plus étranger à toute préoccupation spécifique qui puisse être fait. »

Schopenhauer a raison ; et Bjœrnson aussi. Mariage jeune, mariage d'inclination, mariage sans dot, c'est où il faut pousser de tout cœur. C'est le salut même des races, parce que tout autre mariage, je ne dis pas a toujours, mais a certaines chances d'avoir la polygamie avant lui et la polygamie après lui.

Voilà ce que les moralistes ont raison de dire et ce que les bons traducteurs ont raison de traduire d'une langue dans l'autre.

Mais, me direz-vous, non pas vous, qui ne tenez pas, sans doute, à faire des objections à votre auteur, mais, me dira quelqu'un, *tout*, absolument *tout* est obstacle dans nos sociétés modernes, au mariage jeune, d'inclination, et pauvre ; à ce point que ce mariage a fini par être synonyme de pure folie, et n'est jamais recommandé par une personne sérieuse, et n'est jamais accueilli par une personne sérieuse qu'avec tremblement.

Hélas ! cher ami, l'objection est juste, et elle prouve que les sociétés modernes sont organisées en dépit du sens commun. Qu'elles y prennent garde ! *Caveant...* Un système de réformes, point révolutionnaires, et que je ne crois pas qui fussent extrêmement difficiles, pourrait au moins remédier à cet état de choses très grave.

Mais ce n'est pas notre affaire. Division du travail, pour que le travail soit bien fait. Aux moralistes de dire aux sociétés que l'idéal moral favorable au maintien et au développement de l'espèce est juste à contrepied de la famille telle que les sociétés modernes, sinon la forcent, du moins l'inclinent à être. Aux sociologues et aux législateurs à s'inquiéter d'une telle divergence et à chercher avec ardeur les redressements sociaux qui effacent cette divergence, qui la diminuent, ne soyons pas exigeants, qui l'empêchent de s'accroître.

En attendant, traduisons Bjœrnson. C'est ce que vous faites, c'est ce que vous avez fait, c'est ce que vous ferez. Vous avez bien mérité de la patrie, de toutes les patries, et du Génie de l'espèce. — Je vous serre la main du plus grand cœur.

ÉMILE FAGUET.

MONOGAMIE

ET

POLYGAMIE

I

Depuis son origine, l'humanité se dirige dans sa marche ascendante selon les grandes voies de progrès, que les circonstances tracent aux conditions de la nature.

Quoique leur immuabilité et leur certitude aient été maintes fois contestées, je ne crois pas, pour ne prendre qu'un exemple, qu'il en existe une plus ancienne et plus profonde que celle du sentiment religieux. En effet, le ressort intime de toute religion est de lier la conscience à la responsabilité, et ce lien se resserrant de plus en plus, le sentiment de la responsabilité va s'élargissant sans cesse dans la société moderne.

Si, de nos jours, on parle d'au-delà et d'éternité, c'est sous l'influence d'une foi aveugle ; les plus grands penseurs de notre génération en ont donné la preuve. Nous savons tous que par delà ce que nous voyons et ce que nous comprenons, il existe quelque chose que nous ne pouvons ni voir ni comprendre, et l'existence de ce sentiment de l'infini et de l'illimité n'empêche point le développement constant de la responsabilité. Ces deux principes s'unissent au contraire avec plus de force que jamais dans le souci que nous avons de l'Espèce et de l'Etat.

On a cité, après la Religion, le dévouement au Roi comme ayant contribué à la fondation de la société, mais ce sentiment s'en va déclinant chaque jour et on a même pu constater dans certaines nations sa disparition complète. A tout bien considérer cela n'a rien qui puisse nous étonner, puisqu'il s'est séparé du dévouement à l'Etat et du patriotisme qui en étaient en quelque sorte le fondement. Mais cette vertu s'est incarnée dans une autre forme et le lien qui rassemble une nation autour de ses intérêts n'a jamais été aussi profond que de nos jours.

Il en est de même des autres grandes voies de progrès, et si elles paraissent parfois dévier de leur route, ce n'est que pour revenir aussitôt vers la direction générale qu'elles ne quittent jamais.

La plus grande voie de progrès est, sans contredit, celle du *Mariage*.

Nous ignorons l'histoire de l'humanité primitive, mais si nous nous reportons aux deux races que nous croyons connaître, nous apprenons que c'est par la *Mère* que s'est établi le mariage. C'est d'elle en effet que les Enfants recevaient *Patrie*, *Race*, *Héritage*, et, habitués à la considérer comme la gardienne de la Famille et de la Société, ils s'inclinaient devant elle comme devant le chef.

A la suite de quelle révolution l'homme s'est-il emparé de l'autorité et a-t-il fait de la femme sa chose et son esclave, nous ne le saurons jamais.

— Cependant il nous est facile de comprendre que c'est à un nouveau système religieux qu'il a dû sa victoire ; et ce changement d'idées et d'usages qui a fait de la femme l'égale de l'homme en fait comme en droit, et a rétabli *une seule femme pour un seul homme*, a duré environ mille années, sans qu'il soit possible, même aujourd'hui, d'affirmer qu'il soit entièrement terminé chez aucun peuple.

Si l'on suit le cours de l'histoire, on constate chez les peuples une tendance de plus en plus marquée vers la stricte monogamie, et la femme, qui pendant si longtemps a été contrainte à la fidélité, en est plus rapprochée que l'homme qu'elle influence dans cette voie.

Lorsque les sciences naturelles ont défini d'une façon précise ces lois de l'hérédité qui font de la modération un devoir vis-à-vis de l'espèce, un grand mouvement s'est produit. Les femmes anglo-saxonnes en particulier se sont efforcées d'exiger la même moralité chez l'homme que chez la femme et c'est par elles, que cette grande idée s'est transmise jusqu'à nous.

D'aucuns affirment que la nature exige que ses besoins soient satisfaits au moment du passage de l'enfance à l'âge adulte (âge nubile), et ils prétendent que nombre d'insalubrités morales et physiques, voire même de maladies, proviennent de ce que l'on n'a pas obéi à cette nécessité. Il y a deux ans parut en Angleterre un ouvrage médical qui fut traduit dans presque toutes les langues et qui préconisait l'amour libre, entouré de quelques précautions. Ce livre eut dans toute l'Europe un grand retentissement. Dans le nord en particulier, il contribua à la création d'un groupe qui eut sa littérature et qui envisagea la vie sous un nouvel aspect. L'auteur prétendait avoir trouvé un remède aux différents maux de la société en préconisant l'accouplement dès quatorze et seize ans pour les deux sexes. (Pages 75, 87 et 93 de la traduction danoise, première édition.)

A ce propos je me suis adressé à des zoologistes et à des médecins de divers pays pour étendre le plus possible mes investigations. La plupart d'entre eux s'accordent sur les points suivants.

En ce qui concerne les animaux sauvages, on constate que les besoins de la nature ne se manifestent qu'à un âge avancé, et lorsque chez certains jeunes ils apparaissent plus tôt, les plus forts s'opposent à leur réalisation. Quant aux animaux domestiques, par amour du gain nous les faisons produire de bonne heure. Toutefois la constatation de ce fait que les petits des animaux complètement formés sont les plus forts, a forcé les éleveurs de bestiaux, aiguillonnés par la concurrence, à changer leur mode de production. En Norwège, par exemple, on a vu certaines races de vaches et de chevaux devenir de plus en plus petites parce que l'accouplement se produisait trop tôt. Il ne faudrait pas cependant ériger en règle cette exception.

Les peuples sauvages procréent de très bonne heure : mais en revanche, sous l'influence du climat et des autres circonstances, ils atteignent très-tôt leur complet développement. Il en est de même pour les nations civilisées : la femme se flétrit rapidement sous l'influence des unions trop précoces ; les enfants, nés de parents complètement formés, sont ceux qui résistent le plus au cours de la lutte pour la vie. Bref, les lois de la nature commandent l'abstention jusqu'à l'âge adulte.

Malheureusement nous n'observons guère ces

sains préceptes. On répond à cela que maintenant comme autrefois, cette nécessité se fait sentir chez les plus forts (on ne parle pas des faibles) à l'âge nubile ; or nos idées modernes ayant retardé l'époque où l'on a coutume de se marier, il faut bien que, en attendant, la nature se satisfasse.

Il s'agit donc d'abolir les préjugés et de gagner dans l'ordre moral cette liberté que nous avons vu triompher dans l'ordre politique, religieux et social. Autrefois, l'abstention complète était le critérium infaillible d'une vie sainte ; il n'en est plus de même de nos jours. On veut aller jusqu'à détruire ce préjugé qui empêche la femme d'obéir à ses désirs : à cet égard, prétend-on, elle doit être aussi l'égale de l'homme.

Si ce raisonnement est fondé, la question est de savoir si le résultat auquel il conduit est bien celui que nous venons d'indiquer. Les animaux les plus élevés dans l'échelle des êtres, atteignent l'âge nubile plus tard que les animaux des races inférieures ; or, le besoin sexuel est en raison inverse de cette constatation, puisque ceux-là ont peu d'enfants à des intervalles très éloignés, tandis que ceux-ci, au contraire, se reproduisent rapidement et en grand nombre.

L'influence du développement sur l'instinct de reproduction paraît ainsi être le contraire de l'influence exercée sur les autres instincts, et cela se comprend facilement chez l'homme, car à mesure que les conditions de la vie ont reculé l'âge du mariage, l'âge du développement physique complet s'est lui-même éloigné d'autant.

Voyez chez nous ; l'homme n'arrive guère à ce complet développement que vers vingt-cinq ans, la femme, vers vingt et un ans ; aussi, comme le fait remarquer Darwin, les peuples primitifs ont un nombre considérable d'enfants, tandis que les peuples civilisés ne procréent qu'avec modération et mesure.

Tacite parlant de la race germaine, notre race, écrivait, il y a environ deux mille ans : « *La femme n'a qu'un époux, de même qu'elle n'a qu'un seul corps et une seule âme. Sa pensée et son désir ne vont pas au delà, et dans l'être auquel elle s'unit, ce n'est pas le mari qu'elle aime, mais la sainte loi du mariage.* »

Et il ajoute que la longue jeunesse des Germains vient de leur mariage tardif.

Louer une nation de sa longue jeunesse, n'est-ce pas donner la plus grande preuve de sa force ? Et ajouter que le mariage tardif en est la raison, n'est-ce pas montrer que l'on connaît les lois d'ennoblissement d'une race ?

Chez les Saxons, les ancêtres des Anglais, il était de règle que les jeunes s'abstinssent de procréer jusqu'à vingt-cinq ans ; car on pensait qu'à cet âge seulement, les jeunes hommes, complète-

ment formés, pourraient engendrer des enfants
vigoureux. Je ne veux pas entrer ici dans l'examen des causes qui ont amené chez les races la
perte du goût de la force corporelle, par suite de
la décadence des lois et des habitudes qui les
régissent. Je rappellerai seulement que presque
tous ont fini par comprendre le danger de cette
erreur et de cet oubli. Les sportsmen d'Angleterre et d'Amérique ont remis enfin ces lois en
honneur et, à l'aide des sports, ils les imposeront
à tous.

Il ne faut pas croire que, lorsque la vie d'un
homme est judicieusement et sagement réglée,
l'abstention sexuelle puisse être une cause de
maladies ou même de troubles de quelque nature;
la chlorose même, dont on dit souvent pour les
jeunes filles que *« ça se passera avec le mariage »*
a, le plus souvent, une tout autre origine. *Virchow*
et beaucoup d'autres après lui l'ont démontré:
des femmes mariées, des femmes publiques, parfois même des fillettes de sept et huit ans, sont
atteintes de chlorose. Ce seul fait, je pense, réduit
à néant toutes les inepties que l'on a débitées sur
ce sujet. Quant aux hommes, il y a longtemps
qu'on parle, (et la science elle-même semblerait
l'avoir consacré), de leurs *« maladies pour cause
d'abstention sexuelle »*.

En fait, la chose est excessivement rare; et je
tiens à citer à ce propos un extrait d'une com-

munication officielle de notre faculté de médecine:

« *La prétention émise à plusieurs reprises en ces derniers temps qu'une vie chaste et une complète abstention sexuelle pouvaient devenir un danger pour la santé générale, nous paraît, d'après notre unanime expérience, complétement dénuée de fondements. Nous ne connaissons aucun cas de maladie ou de trouble général dont nous puissions dire qu'il a pour cause la stricte chasteté.* »

Qu'on remarque bien qu'il n'y a pas notre « *opinion* », mais notre « *expérience* »; et on doit reconnaître que cette assemblée de vieux médecins, ayant longtemps pratiqué la médecine, et se communiquant sans cesse leurs découvertes, est plus à même que toute autre de formuler un avis sage et motivé. D'ailleurs le *Journal des Jeunes médecins*, également consulté, a conclu dans le même sens.

Une voie de progrès aussi profonde et aussi ancienne que la marche continue vers la monogamie, ne peut pas être à la merci des causes de destructions communes. En effet, elle s'est affermie dans la conscience de l'humanité comme une des lois fondamentales de la société moderne, et il faudrait un travail incessant, infini, une poussée considérable pour modifier en quelque manière la conception de ce grand principe.

Qu'est-ce en effet que la conscience, sinon (que

nous admettions ou non l'existence de la divinité) l'opinion publique, résultante elle-même des enseignements de nos ancêtres, de l'Église et des lois, en un mot de l'expérience de l'humanité, depuis les temps les plus reculés jusqu'à nos jours?

Or, cet héritage infini, ces voix que nous entendons en nous, en dépit des défaillances passagères chez tel ou tel individu, vont toujours croissant dans l'ensemble de la race. Et pour nous en convaincre, nous n'avons qu'à consulter l'histoire : prenons notre histoire nationale par exemple.

Sous Harald Haarfager, nous voyons les hommes puissants posséder plusieurs épouses, puis cet usage se perdre peu à peu. Au seizième et au dix-septième siècle, où la polygamie est depuis longtemps abolie, les paysans, les pasteurs mêmes prêtent encore leur fille au roi ou à un seigneur de passage.

Dès le début du siècle, les « *festins de boudin frais* », dernier vestige des saturnales antiques, disparaissent peu à peu, et de nos jours le progrès en ce sens est manifeste sous l'influence précisément de cette opinion publique dont nous parlions.

On nous objecte, il est vrai, que le mal, pour être caché, n'en est pas moins le mal. Mais ne voit-on pas que cette objection est la justification même de notre thèse, et que ce besoin de dissimulation n'est que la crainte de l'opinion publique et de ses jugements?

Il existe au point de vue moral quatre sortes d'hommes : les promoteurs du progrès, ceux qui le suivent de bon cœur, ceux qui sont obligés de le suivre, et ceux qui ne peuvent ni ne veulent aller de l'avant. Toute la question se résume donc à diminuer autant que possible le nombre de ces derniers, au lieu de relâcher la loi et les mœurs à leur avantage. Il est indubitable que ce sont les autres qui doivent donner la direction.

Pour les femmes, elles ont toujours été à la tête du mouvement monogame, et cela se comprend : je mets à part, bien entendu, les femmes des races encore livrées à la polygamie et celles qui se vendent par misère ou par nécessité : mais les autres ont toujours eu l'intime conscience des droits tout-puissants de la monogamie, et lui sont restées fidèles. Et il faudrait être fou pour seulement penser que l'humanité abandonnera jamais les avantages que cette fidélité de la femme a apportés à la santé, à l'esprit et au caractère de tous.

II

Il existe encore en Europe des nations qui n'ont pu établir la monogamie que pour les femmes; les hommes sont restés polygames. Chez les plus sincères d'entre eux, les mahométans surtout, il en est qui observent une monogamie aussi sévère que les plus moraux d'entre nous, et on cite même une secte qui s'est constituée dans ce seul but. En tout cas, il est incontestable que, même chez ces peuples, l'idée de monogamie a fait d'immenses progrès.

En fait, la polygamie a toujours été la grande cause d'affaiblissement chez les peuples, elle énerve et émousse les sentiments d'honneur chez les adolescents, et fait de la femme une marchandise, un corps que l'on vend à tel ou tel prix. Les harems où on la renferme, la séparant complètement du monde extérieur, interdisent à l'œil vigilant de la femme toute immixtion dans les affaires de la vie, et c'est autant d'activité et d'intelligence de perdues pour la Société. Nous n'avons pas à insister sur les vices d'une telle institution, elle se condamne elle-même.

En Amérique, la polygamie a été longtemps très répandue, non seulement chez les Mormons, mais encore dans tous les états esclavagistes. En effet, posséder un grand nombre d'esclaves, n'est-ce pas en quelque sorte admettre la polygamie? Et certes beaucoup furent surpris comme moi d'apprendre que la guerre contre l'esclavage était aussi la lutte contre la polygamie, dont on voulait enrayer les effets démoralisateurs.

La morale est la puissance souveraine de notre société, aussi est-ce une grande consolation pour nous de voir combien cette cause de progrès, qui était négligée de tous au début, est devenue pour toute une génération d'hommes une véritable puissance. Les hommes et les femmes (car ce furent les femmes qui commencèrent) qui entreprirent les premiers la lutte, ne trouvèrent d'abord personne pour les écouter. Quand ils eurent recruté des auditeurs, ils furent accablés par les moqueries et les sarcasmes de tous ceux qui voulaient détruire les conquêtes et la liberté de l'humanité. Ils furent considérés comme des traîtres à la patrie, ils eurent contre eux toute l'opinion publique, depuis la chaire et le tribunal jusqu'à la presse, le Congrès, le Sénat et le gouvernement. La-lutte se propagea rapidement et ne tarda pas à faire des victimes; les deux partis tenaient des meetings où l'on tirait des coups de révolver sur les orateurs. Mais rien ne les arrêtait, ni les sarcasmes, ni les balles; et ces hommes forts et courageux (Parker et les autres) finirent en quelque sorte par réveiller la conscience de la nation qui s'insurgea contre l'esclavage. Quand les *États* se séparèrent de l'*Union*, travailleurs, ouvriers et négociants, abandonnèrent leurs outils ou leurs comptoirs et apprirent le métier des armes. Les états esclavagistes s'étaient assuré le concours des meilleurs officiers, possédaient un matériel de guerre irréprochable et des forteresses presque inexpugnables; aussi, pendant la première année de la guerre, et pendant une partie de la seconde, les états du nord furent-ils les plus faibles. Mais loin de se décourager, — ils rassemblèrent sans cesse de nouvelles troupes, et obtinrent enfin par leurs victoires l'affranchissement définitif de tous les esclaves. Les vainqueurs n'exigèrent rien comme rançon de guerre. Les prisonniers furent remis en liberté, ainsi que les chefs et le gouvernement révolté. Ils avaient été vaincus, ce fut leur seul châtiment. On ne leur confisqua pas une pièce de terre, ils ne furent pas frappés d'impôts, les esclaves devinrent des citoyens. C'était le but de la guerre et ce but était atteint. L'histoire n'a pas de plus bel exemple d'une guerre faite pour un principe moral, et d'une paix conclue dans des conditions aussi désintéressées.

Il m'a été donné de rencontrer quelques-uns de ceux qui ont contribué à cette victoire; je les ai entendus parler de la polygamie qui leur inspire encore une sorte d'effroi. Il me suffit, pour donner une idée du sentiment d'horreur qu'ils éprouvent, de citer un passage de Robert Ingersoll : « Aucune langue du monde ne pourrait dépeindre la corruption qu'entraîne la polygamie. La femme devient la proie de la ruse, l'homme revient à la sauvagerie et au crime. Du plus profond de mon âme je maudis et je hais le législateur qui ne fait pas de la sainteté du foyer la cheville ouvrière de la société. Toute civilisation repose sur la vie de famille; c'est là que naît la vertu, et les foyers s'emplissent de fleurs, de fruits et de parfums, quand *un* homme aime *une* femme. Les plus belles paroles du monde sont : ma fiancée, ma femme, mon père, ma mère, mon enfant. Sans ces mots divins, le monde n'est qu'un bouge et les hommes que des animaux ! »

Nous arrivons ainsi à ce que je me propose d'examiner. Cette polygamie, que beaucoup d'entre nous ont pratiquée dans leur jeunesse, est-elle sans inconvénients ? N'a-t-elle pas de suites ? Ces suites disparaissent-elles quand nous nous marions? Est-il encore quelqu'un d'assez simple pour le croire? Ce partage de notre personne rend notre amour sauvage et fausse notre aspiration vers la beauté. Et croyez-vous que ce soit peu de chose que cette déviation de notre élan vers le beau? C'est à l'âge que l'on peut qualifier d'*âge fondamental*, parce que c'est alors que les impressions influent avec plus de force sur notre volonté, c'est dans l'adolescence en un mot, que le sentiment de la beauté a le plus de pouvoir sur nous. A ce moment nous sommes comme une sorte de piano qui serait accordé corde à corde, chacune dans un ton différent. Chez nous, à l'école, dans le monde, chaque livre, chaque événement qui affecte notre volonté, nous accorde pour ainsi dire impression par impression. Lentement notre imagination est salie par les conversations malsaines, corrompue par les mauvaises fréquentations, tentée dans ses bas instincts; nous perdons nos aspirations vers la beauté; il se produit comme une sorte de désaccord dans tout notre être, et si ces influences néfastes se font sentir fréquemment, notre liberté de choisir entre le beau et le noble d'une part et le grossier de l'autre, s'amoindrit, notre jugement moral s'oblitère, et beaucoup ont fait un mauvais choix, parce que leur sens de la beauté avait été faussé dès le commencement.

Je sais bien qu'on me citera des hommes et des

femmes dont le goût sûr a créé des œuvres d'une indiscutable beauté, bien qu'ils aient eu une jeunesse déréglée. Il est toujours dangereux de se comparer aux grands hommes, et rien ne nous dit que leurs œuvres n'auraient pas été cent fois plus belles si leur esprit avait conservé son harmonie. En outre, il est facile pour le psychologue de constater que dans leur œuvre il y a quelque chose de flétri; un esprit désordonné laisse toujours sa marque dans ce qu'il crée. Il faut bien des mains d'enfant et beaucoup d'amour fidèle pour faire naître en eux l'harmonie. « *Les purs sont les plus forts* », a dit Zola. Que cette parole est vraie! Le grand moraliste Balzac parle d'une « *blanche magie* » dont la puissance surpasse tout et confond jusqu'au noir démoniaque. Les milliers de légendes, depuis la *Sakountala* antique jusqu'au *David Copperfield* moderne, resplendissent de cette vérité, qui est l'idée la plus haute pour laquelle l'homme ait vécu.

Et l'aspiration à l'amour? Où la trouve-t-on plus belle et plus forte que chez le jeune homme qui sort du foyer de la famille? Il n'est pas de sacrifices qu'il ne fasse, quand son cœur est pris.

Parfois hélas! dans « *l'âge fondamental* » cette noble ardeur s'égare; elle épuise sa vigueur et se perd peu à peu; et jamais vous n'entendrez nier plus lâchement, ni dénigrer plus cruellement l'amour que par les jeunes gens qui ont gaspillé leur puissance d'aimer avec des filles de joie.

A mesure que les observations sur les rapports des sexes seront recueillies avec plus de précision, il sera possible de montrer d'une façon plus nette que si l'on faiblit une fois, on faiblira de plus en plus facilement dans la suite.

Je ne veux en citer que deux exemples : Dans notre enfance, quand nous lisions l'histoire des tyrans orientaux et romains, nous apprenions qu'ils étaient à la fois cruels et voluptueux. N'a-t-on pas dit que la cruauté et la volupté « *allaient de compagnie* »? C'est une idée que nous ne pouvons comprendre qu'avec le temps. Beaucoup d'entre nous, même, ne saisissent jamais la relation qui peut exister entre ces deux passions. J'avoue que pour ma part, je ne me suis douté de la profondeur de cette vérité qu'après avoir lu dans Darwin qu'il y avait là un reflet de l'ancienne lutte des mâles se disputant les femelles jusqu'à la mort. Il nous en est resté le goût du sang.

Quant à la vanité, si elle est excitée dans l'*âge fondamental* (le mot ne saurait être trop souvent répété), nous en gardons des traces ineffaçables. Nous sommes en quelque sorte comme dans une perpétuelle opposition de nous-mêmes; le pouvoir qu'elle a sur nous est si puissant que, même lorsque nous avons dompté notre sensualité, nous y puisons la plupart de nos douleurs.

Voyez un peuple comme les Français, où les

jeunes gens pratiquent ouvertement la polygamie
dès l'*âge fondamental*. L'histoire d'ailleurs, et
surtout les mémoires de ces derniers temps, nous
montrent que là aussi, la tendance vers la chasteté a fait d'immenses progrès. Néanmoins nous
constaterons que cette polygamie ouverte, avouée,
compromet moins la conscience intime, la véra-
cité et la force de ce peuple, que chez nous où le
vice a honte et se cache. Pourtant l'inconstance,
changeant sans cesse d'objet, la coquetterie, la
vanité des perpétuelles conquêtes sont chez ce
peuple plus grandes que chez aucun autre. Dans
cette course à la polygamie qui dure depuis plus
d'un siècle, sa vanité surtout s'est tellement
développée, qu'on peut dire qu'elle est aujour-
d'hui le pire ennemi de ce grand peuple, le seul
ennemi peut-être, si l'on songe que c'est ce vice
qui a enfanté tous les autres. Et l'histoire de la
France le montre bien clairement. Car qu'est-ce
que la vie politique d'une nation, sinon la répéti-
tion de la vie privée de chacun de ses membres ?
Sans remonter au-delà de François Ier, voyez
Henri IV, Louis XIV, Louis XV, les hommes de la
Révolution et de l'Empire... Quelle maladie, quel
étalage de folle vanité ! Quel cruel mépris de la
race humaine ! Quel excès d'orgueil poussé jusqu'à l'oubli de soi-même !

N'est-ce pas en effet par un sentiment fou de
vanité que Napoléon III a été conduit à déclarer la

dernière guerre? Et comme il connaissait bien son peuple, confiant à l'excès dans ses propres forces, et méprisant aveuglément celles des autres!

La République — si elle devient vraiment une République, c'est-à-dire quelque chose de plus que la liquidation de la banqueroute de la monarchie — la République, dis-je, triomphera, si elle ose planer au-dessus de la vanité nationale, écarter ses pensées de vengeance, renoncer à ses entreprises coloniales, à son luxe de fonctionnaires, à ses coûteuses habitudes de dépense, à son armée, à sa flotte fanfaronnes, en un mot si elle veut vraiment devenir démocratique. Autrement, il nous est facile de prévoir qu'elle disparaîtra, détruite par la poussée des impatients qu'elle n'aura pas satisfaits.

Plus tard, quand une plus grande connaissance de l'âme humaine nous permettra de rechercher utilement à qui incombent les responsabilités de l'histoire, que ne découvrira-t-on pas? Quand on constatera que tel ou tel peuple fut malheureux pendant des centaines et des centaines d'années parce que deux ou trois de ses chefs furent atteints de la folie des grandeurs? (Or, chacun sait que la folie des grandeurs a presque comme cause unique les grandes maladies vénériennes, soit héréditaires, soit personnelles.) Un médecin, qui était aussi un profond psychologue, m'a fait remarquer plusieurs personnages historiques dont les paroles et les actions révèlent d'une façon frappante la folie des grandeurs : et par cette simple indication nous pouvons deviner combien cette maladie, à elle seule, a retardé le progrès de l'humanité. Et il n'est pas besoin pour cela d'étudier les grands événements ou les guerres fameuses des pays lointains. Pour ne froisser personne, nous nous en tiendrons aux pays étrangers, et nous examinerons une autre conséquence de la polygamie publique : le manque de modération et d'empire sur soi-même.

Nous avons déjà dit que le manque de volonté morale devenait funeste quand la passion s'emparait de nous. Voyez par exemple le *Français*, si respectueux de lui-même, si soigneux, si méthodique ; dès que la passion s'empare de lui, il perd toutes ces qualités, il n'a plus aucune force de résistance, et il s'ouvre à côté de lui un abîme dans lequel il ne tarde pas à tomber. Ce gouffre le suit partout, où qu'il aille, dans les assemblées publiques où il agit en fou, comme sur le champ de bataille, et des milliers de gens y sont engloutis juste au moment où la patrie avait le plus besoin de sang-froid et de courage.

Les grands écrivains français ont osé découvrir cet abîme, et nous pouvons constater que ce qu'ils en ont dit a empesté le monde.

Il ne faut pas oublier qu'une des plus graves

conséquences du manque de modération est l'épuisement des forces vitales de l'individu, en sorte que c'est juste au moment où il en aurait besoin qu'elles lui font complètement défaut.

Voyez *Mirabeau!* N'avait-il pas en son âme tous les rayons régénérateurs de la Révolution ? Quand il disparut, ce fut la victoire de l'ombre et du mal ; et c'est le manque de modération qui l'a tué. Voyez Gambetta, le chef génial et glorieux de cette troisième République à laquelle il donnait un honneur et un but et qui maintenant est retombée dans son bourbier ! Lui aussi disparut, comme Mirabeau, par intempérance, au moment même où la patrie avait le plus besoin de sa force et de son courage.

Un exemple encore :

Dans l'ouest de l'Amérique, on procédait à l'élection d'un homme politique célèbre, au Sénat de Washington, qui, comme on le sait, est nommé par l'Assemblée législative du pays. Un des descendants d'une vieille famille puritaine se leva au cours de la séance et s'écria : « J'ai vu le candidat sortir de l'Assemblée pour entrer dans une maison publique. Celui qui trahit sa femme peut trahir l'État. » Et le candidat ne fut pas élu. Quand donc viendra le temps où cette condition sera imposée à tous ?

Tout progrès exige comme première condition la force de pondération et l'autonomie ; aussi devrait-on développer dès *l'âge fondamental* la force de choisir dans la vie ce qu'il y a de plus important pour l'être et pour la volonté. Si nous nous bornons à examiner la vie privée, nous pouvons voir les conséquences de cette idée dans l'inconstance et dans le manque de caractère dont tout le monde se plaint, les femmes et les enfants surtout ; dans le nervosisme dont souffre la race, dans cette perte de la joie de vivre qui caractérise si bien la vie de famille et la société. Mais tout cela a été dit d'une façon remarquable par les auteurs contemporains ; aussi je laisse de côté cette partie du sujet pour fixer mon attention sur un point de vue important dont on ne s'occupe guère, et que les femmes surtout ne prennent pas assez en considération, même quand elles le remarquent. C'est qu'un homme, habitué à se mal conduire, n'abandonnera pas ses mauvaises habitudes pour la seule raison qu'il devient *légalement* marié. Aucune bénédiction nuptiale ne le délivrera de l'amour du sexe. S'il n'a pas le bonheur de trouver une femme qu'il puisse aimer peu à peu, des enfants devant lesquels il sache rougir (j'en connais· de touchants exemples), ou une position qu'il n'ose compromettre, il sera un dévoyé jusque dans l'âge le plus avancé ; et, même s'il possède ces trois choses, il retournera souvent à ses vices, car la concupiscence le dévore et les circonstances seules peuvent le sauver. L'homme devrait l'avouer, la femme le savoir et tous devraient s'en inquiéter. Il faudrait simplement que tout cela fût connu ouvertement; que la femme mariée sache combien elle est trahie, ou que l'homme trouve la force de parler et d'agir pour l'avenir de l'espèce, se donnant comme but élevé de contribuer à sa prospérité. Il n'en faudrait pas plus pour que le foyer domestique fût préparé à recevoir une éducation plus forte que celle d'aujourd'hui. Peut-être qu'alors se produirait dans l'école cette révolution que nous souhaitons si ardemment. La littérature et l'art seraient sous l'influence de cette « *blanche magie* » et les journaux ne serviraient peut-être plus à ternir l'imagination et à la souiller.

Enfin, il ne suffit pas de penser au désastre que l'homme débauché cause à sa propre famille, mais aussi aux foyers qu'il a troublés. Il est honteux de constater que plusieurs de nos pasteurs se soient élevés contre moi en m'objectant qu'il est impossible d'exiger de l'homme la même fidélité qu'on demande à la femme. « Quand la femme mariée commet une faute, le foyer est souillé! disent-ils. »

Songez alors à tous les foyers dont la femme ou la fille est la proie d'un autre homme. Quelles sont ces femmes en général? Nos ouvrières, nos couturières, nos domestiques. Elles se marieront plus tard, elles aussi; les prostituées elles-mêmes se marient. Et nous savons par les lois de

l'hérédité que tous les descendants de ces femmes
recevront de leur mère cet héritage impudique.
Un jour ou l'autre, nous ne tarderons pas à comprendre tous les dangers de cette folle luxure qui
sape peu à peu les bases de notre société. Déjà,
dans nos grandes villes, elle constitue une menace
effroyable ; elle ne tardera pas à éclater.

Je ne veux pas terminer cette partie de mon
exposition sans rappeler tout le cortège des maladies qu'entraîne la polygamie. Nous avons déjà
cité, comme étant beaucoup plus répandue qu'on
ne pense, la folie des grandeurs. Il y en a
d'autres ; et pendant que je songeais à la question, ma mémoire m'a rappelé les noms de quelques-uns de mes amis d'enfance qui furent en
proie, dans la force de l'âge, aux grandes maladies vénériennes. Je ne me les rappelle pas tous,
car ils sont légion. Et parmi eux, hélas ! combien
d'intelligences d'élite ! Comme toujours, ce sont les
plus forts, les plus téméraires, qui sont atteints,
en sorte que les pertes qu'éprouve la société sont,
en fait, beaucoup plus grandes qu'on ne pourrait
le croire. L'un d'entre eux, qui, je ne crains pas
de le dire, portait en lui tous les signes du génie,
mourut très jeune de cette maladie, ayant à peine
laissé entrevoir ce qu'il eût pu être un jour. Car
il ne faut pas croire que cette affection soit le pri-
vilège du peuple ; elle s'attaque à toutes les
classes de la société, même au trône. J'en cau-

sais un jour avec un des plus grands chirurgiens du nord ; la conversation tomba sur une proposition d'union libre entre jeunes gens et jeunes filles qui venait d'être faite, et nous convînmes que ce serait la démoralisation assurée. Il ajouta que, les femmes se corrompant plus facilement, il n'y aurait bientôt plus d'enfants, ou que ceux qu'elles enfanteraient seraient tous rachitiques et mal venus.

Dans ces derniers temps, on a beaucoup étudié les maladies sexuelles, et cela a contribué un peu à nous en donner une salutaire terreur. Nous commençons à savoir que les dents gatées, les yeux et les oreilles malades sont l'héritage déplorable de nos ancêtres : et qu'il en est de même de ces pourritures hideuses et de ces infirmités corporelles qui s'étalent dans les rues. Je crois qu'il serait bon que les livres, tels que ceux des spécialistes français, fussent recueillis et traduits dans notre langue, car la science est encore la meilleure voie de progrès pour éveiller les consciences.

III

Il nous reste maintenant à chercher les moyens
de détruire cette polygamie qui laisse des
traces si profondes dans le caractère de l'espèce et
dans sa santé.

Pour cela, il faut, avant toutes choses, combattre
le scepticisme et le pessimisme de certaines gens,
beaucoup plus à redouter que ceux qui voient le
remède dans la liberté des unions ; car cette dernière théorie, contraire à l'histoire du mariage,
ne peut avoir aucune influence sérieuse. Ce qu'il
faut, c'est mettre vaillamment la question à l'ordre
du jour, et redonner du courage à ceux qui,
effrayés par le débordement des mœurs, ne
croient plus ni au progrès, ni à l'initiative per-
sonnelle.

On a vu récemment à Londres un pauvre
homme traînant une voiture à bras sur laquelle
était placée une grande cage renfermant un

chien, un chat, des rats, des souris et deux petits oiseaux. Quand il faisait froid, le chien et le
chat se serraient l'un contre l'autre; les rats, les
souris et les oiseaux s'enfonçaient dans leur
épaisse fourrure. C'étaient pourtant des ennemis
séculaires : il leur avait suffi d'une seule génération pour pouvoir vivre côte à côte, amicalement.
Pourquoi douter alors du pouvoir de l'éducation?

Lorsque la science eut vulgarisé les lois de
l'hérédité, beaucoup sentirent faiblir la confiance
qu'ils avaient dans l'éducation; tout était hérédité
à leurs yeux; alors, à quoi bon lutter? Mais lorsqu'on approfondit la question, on comprit qu'il
n'existait pas que des croisements funestes; on
s'aperçut que les lois de l'hérédité, loin de rendre
impuissants le travail et l'éducation, étaient pour
elle d'un grand secours, susceptible qu'elle était
de les transformer.

Nous avons reconnu que la mère était la meilleure éducatrice de ses enfants. L'est-elle toujours? Parmi les jeunes filles, quelles sont celles
qui ont le plus de chances de trouver un mari?
Les plus belles et les plus riches, c'est-à-dire celles
qui sont le plus fréquemment courtisées; et
celles-là n'ont pas la patience et l'abnégation
nécessaires à une bonne éducation. Ce ne sont
pas celles qui sont le plus invitées à danser qui
voient le mieux; ce sont celles qui restent
assises, car *elles* peuvent observer la société.

Il arrive ainsi, trop souvent malheureusement, qu'une femme est obligée de refaire sa propre éducation pour élever ses enfants. Elle sait si peu de choses, la jeune mère !

Qu'a-t-elle pu apprendre dans sa jeunesse si elle n'a eu plusieurs sœurs autour d'elle ? A peine sait-elle habiller son enfant et lui mettre ses langes !

Je ne puis mieux faire à ce sujet que de vous renvoyer au beau livre de Mrs. *Blackweel* sur l'Éducation. « Dès que l'enfant a été mis dans ses langes, dit-elle, il faut commencer son éducation morale. »

Combien de mères ignorent ce sage principe. Aujourd'hui, avec l'intensité que la science a acquise, les parents se demanderont s'il n'y a pas lieu de chercher autour d'eux une aide pour élever leurs enfants ; en particulier, s'ils ne peuvent leur inspirer la confiance qui est si nécessaire à l'âge adulte, ils doivent s'enquérir de quelqu'un qui puisse les seconder, car il faut qu'on parle à l'enfant des lois de l'hérédité à mesure qu'elles apparaissent. L'éducation est une vigilante et incessante collaboration.

La plus belle et la plus consolante de ces lois, celle de la variation des espèces, a été vainement niée dans ces derniers temps ; je puis en trouver la démonstration dans ma propre famille ; la plupart d'entre nous peuvent faire de même. Cette loi se formule ainsi : « *Lorsque j'ai hérité d'une bonne disposition et que je l'ai cultivée dans ma jeunesse, les enfants que j'aurai plus tard pourront hériter non seulement de cette disposition, mais aussi de la puissance que m'a fait acquérir l'effort.* » Si parfois l'on méconnaît cette loi, c'est que l'on s'attend le plus généralement à ce que la disposition reparaisse sous la même forme (une disposition artistique par exemple). Il n'en est rien le plus souvent.

Inversement : « *Si j'ai hérité d'une mauvaise disposition et si je l'ai combattue, influencé par des maîtres prévoyants qui m'ont montré de qui je la tenais et qui m'ont supplié de la combattre, si je suis assez heureux pour m'en débarrasser dans mon jeune âge, mes enfants peuvent hériter de la force que j'ai consacrée à ce travail et pour eux la lutte sera plus facile. Je n'ai pas seulement travaillé pour moi, mais pour ma race tout entière, à son premier degré aussi bien que pour l'avenir.* »

Quand cette grande loi aura été enseignée dans toutes les écoles, prêchée dans toutes les églises, pratiquée dans toutes les familles, en un mot quand elle aura été connue de tous, alors il sera possible de dire que l'éducation a été renouvelée.

Mais j'ai parlé de l'école et de l'église. Qui nomme-t-on maîtres d'école aujourd'hui ? Ceux qui ont passé de bons examens. Est-ce la preuve qu'ils seront de bons éducateurs ? Est-il suffisant

de donner un devoir à l'enfant et de le corriger ?
L'esprit le plus simple pourrait le faire. Celui-là
seul est un éducateur qui tient l'âme des
enfants ouverte à la foi et au désir de savoir ;
qui, non seulement met de l'ordre dans la
matière qu'il enseigne, mais apprend à l'élève
la substance des choses et la vraie doctrine qui
lui donnera le désir de recevoir plus que ce que
contient la parole du maître. Celui-là seul est un
maître d'école, les autres ne devraient pas s'occu-
per d'éducation. Autrement dit, dans chaque maître il doit y avoir un éducateur, un *talent moral*.
Nous avons dit tout à l'heure qu'on acquérait le
talent en cultivant une disposition jusqu'à sa
perfection. Eh bien ! il y a des races entières qui
sont arrivées plus loin que d'autres dans cette
voie, et parmi elles il en est qui sont devenues
tellement parfaites qu'à seulement les fréquenter
on éprouve envie de faire le bien. Elles ont, innée,
la vocation de devenir des maîtres. Malheureusement nous avons souvent des manières d'ensei-
gner qui rebutent et éloignent.

Un jour je visitais une petite école où profes-
sait un véritable *talent moral*. Je m'entretins avec
l'instituteur et je lui fis part de cette observation
qui m'avait frappée, que le vice n'existait pas
dans son école :

— Non, me répondit-il, je crois que nous l'en
avons chassé.

3.

— Comment cela ?

— En étant affectueux avec nos élèves et en leur parlant doucement.

— Est-ce là le seul moyen que vous ayez employé ?

— Non certes : je leur ai parlé ouvertement et franchement, en leur montrant le mal ; aussi maintenant ils se surveillent les uns les autres. C'est le contrôle le plus sûr que l'on puisse pratiquer.

Il ajouta que le vice ne provenait pas d'un besoin de la nature, comme d'aucuns le prétendent. C'est tellement vrai, qu'un enfant qui n'a pas été en contact avec d'autres ne peut en avoir l'idée sans que quelqu'un le lui apprenne.

Et cependant, il ravage la plupart des écoles ; on s'en occupe fort peu ! Nous envoyons nos fils au collège pour qu'ils s'améliorent et c'est là qu'ils apprennent à connaître le vice, ce commencement de la polygamie, qui entraîne après elle la faiblesse des caractères et l'inconstance.

Quand l'école sera librement organisée par des *capacités morales* (et cela se produira tôt ou tard), alors seulement se transformeront les différents exercices et le travail corporel de l'école et de la maison. Il n'y aura pas d'école sans un médecin pour maître, et un médecin qui sera avant tout une *capacité morale !* L'école doit devenir une école publique, où les jeunes gens des deux sexes prendront l'habitude de se considérer comme des camarades et non pas de se regarder les uns les autres comme des oiseaux rares et d'exciter ainsi leur imagination.

Aussi longtemps que l'enseignement moderne ne comportera pas la science de l'éducation, — bien que, savoir soigner sa santé corporelle et morale, et celle de sa postérité, soit chose instinctive (Spencer) — il ne faut pas s'attendre à ce qu'on y accorde la moindre attention.

Quant aux pasteurs, il leur suffit maintenant de faire des sermons pour croire tout sauvé. Il est rare de les voir en contact avec leurs ouailles, quand ce devrait être non seulement leur principal, mais leur unique but.

Il faudrait d'abord qu'ils s'occupent des enfants. L'usage, constant aujourd'hui, de confier l'exercice de la religion à ceux qui ont passé un solide examen de science religieuse est tout simplement stupide.

Ou bien l'enfant possède une piété qu'il s'agit de fortifier, ou il n'en a pas du tout, et il faut la faire naître. Dans un cas comme dans l'autre, il faut une singulière capacité et une grande expérience de la vie.

Or, c'est surtout chez les femmes que l'on rencontre ces facultés : aussi doivent-elles aider le prêtre, ainsi que cela se pratique couramment en Amérique et en Angleterre dans les écoles du dimanche.

Qu'on laisse l'école être l'école, et que la religion soit une chose à part, enseignée pour et par elle-même ; peut-être alors ce penchant de la jeunesse vers la polygamie succombera-t-il sous les attaques combinées de la science positive et de la solide piété.

J'entends, bien entendu, que cette action s'exercera surtout par l'humble pasteur des campagnes, qui peut connaître et visiter les ouailles confiées à sa garde, beaucoup plus que par ceux de ces grandes églises qui comptent des milliers et des milliers de paroissiens. Et je pose en principe que cette action, sagement et sérieusement exercée, arrivera avec le temps à transformer totalement notre école et notre église, partant notre éducation.... Qui sait ? peut-être plus encore ?

IV

Nous avons fixé l'âge adulte à environ vingt-
cinq ans pour l'homme et vingt et un ans pour la
femme : c'est l'âge que l'on doit attendre d'une
façon générale pour contracter le mariage. Quelques-uns prétendent que, même à cet âge, les
jeunes gens ne peuvent pas se marier aujour-
d'hui. Cela peut être vrai, mais la plus grande
partie d'entre eux se conforment à cette loi, et
nous verrons si, lorsque cette règle sera univer-
sellement acceptée par tous, la vie elle-même ne
s'y conforme pas. L'Etat sera forcé de renoncer
à toutes les études qu'il exige des jeunes gens à
cette époque, études qui sont tout à fait contre
nature.

D'autres objectent que la jeunesse, qui a été
chaste jusqu'au mariage, devient souvent immo-
dérée par la suite. Cela est possible mais il n'en
est pas moins vrai que celui qui a appris à se

modérer avant son mariage a plus de chances de rester fidèle que celui qui a abusé de tous les plaisirs.

On a réprouvé les fiançailles précoces, surtout au point de vue esthétique. Quant au point de vue moral on en juge, à ce que je crois, d'autre sorte. Il ne faut pas croire que les véritables fiançailles soient celles qui se pratiquent publiquement, avec serments à l'appui, au milieu de pompeuses cérémonies. Non, elles consistent simplement en ceci : qu'*Elle* est sûre qu'*Il* pense toujours à *Elle* ; et qu'*Il* jurerait sur sa vie qu'*Elle* l'attendra... Et cela leur suffit. *Si nous pouvions savoir combien de tentations de semblables fiançailles ont aidé à supporter, nous les bénirions mille fois.* Naturellement, avant d'en arriver au mariage, les jeunes gens doivent avoir échangé honnêtement leurs sentiments et leurs idées, afin d'être unis par la tête autant que par le cœur. *Les plus heureux mariages sont ceux-là ;* car c'est seulement dans notre première jeunesse que nous sommes sûrs de notre cœur et de l'obéissance de notre nature.

En ce qui concerne les mariages conclus à l'âge de raison, il faut naturellement que les deux partis, ou leurs parents, se concertent pour exposer les revenus de chacun. Jusqu'à présent, la femme n'a pas pu ou n'a pas voulu participer à l'entretien du ménage et par conséquent ne s'est occu-

pée que de satisfaire ses caprices, sans s'inquiéter de ce qu'elle possédait elle-même. Il faut
espérer que l'éducation indépendante et l'instruc-
tion qu'elle tend de plus en plus à recevoir, met-
tront fin à cet état de choses.

A la campagne, chez les paysans, la cuisine est
la principale pièce de la maison ; c'est là qu'on se
rassemble dès qu'on a un instant de liberté au
moment des repas. J'ai retrouvé avec plaisir les
mêmes habitudes dans les cités américaines. Les
familles de la classe moyenne se tiennent dans
la cuisine, une cuisine claire, spacieuse, bien
aérée, ornée d'un fourneau qui est souvent une
petite œuvre d'art, parfois même d'un canapé et
d'un tapis. Les portes des autres pièces donnent
sur cette cuisine, de telle sorte qu'elles sont chauf-
fées à peu de frais. C'est ainsi qu'en Amérique
ont débuté des jeunes gens qui sont parvenus à
de magnifiques positions. Chez nous, le salon et
la salle à manger sont deux pièces distinctes. Un
petit corridor sombre, semblable à un boyau,
conduit de cette dernière à la cuisine, une petite
cuisine grande comme la main, où habite une domestique qui travaille là toute seule, sans aucune surveillance, la maîtresse de maison de-
meurant dans son appartement et se bouchant le
nez pour ne pas sentir les odeurs désagréables qui
en émanent. Certaines personnes m'objecteront
que les exigences du luxe sont une des conditions

du progrès : je répondrai que ces sortes d'exigences doivent plier, comme beaucoup d'autres, devant des considérations d'ordre supérieur, pour ceux qui estiment que l'âge de raison est l'époque naturelle à laquelle on doit se marier. D'autres ont prétendu que la naissance des enfants devient un empêchement au bonheur parfait, puisque l'un des deux époux ne peut plus désormais apporter sa part dans l'entretien de la maison ; mais ces difficultés disparaîtront d'elles-mêmes quand il sera admis que deux jeunes gens qui peuvent se suffire doivent s'unir dès qu'ils sont physiquement en âge de se marier.

Ceux qui envisagent le mariage sans enfants comme le seul susceptible de procurer le bonheur me semblent être dans une dangereuse erreur. Toutefois, il est évident, que, dans certains cas (très-rares heureusement), où par suite d'impossibilité à se modérer, les époux en arrivent à être obligés de choisir entre un nombre considérable d'enfants qu'ils ne peuvent ni nourrir ni élever, et le mariage sans enfants, ce dernier parti nous paraît encore préférable.

Il est évident que dans notre société actuelle, il existe un grand nombre de jeunes gens qui ne se marient point ; et au risque d'avoir à lutter contre les sociologues modernes, je demande la permission de défendre ces milliers de personnes qui *ne veulent pas se marier*. Je crois, pour ma part, que le mariage n'est pas, ainsi qu'on l'envisageait autrefois, le but unique de tous les êtres.

Il existe à mon avis nombre d'individus qui ne sont pas aptes au mariage. Et, en fait, qu'adviendrait-il si tout le monde se mariait ? Songez à toutes les servantes qui nous restent attachées parce qu'elles se sont prises d'affection pour nous ou pour nos enfants, et qui non seulement font de notre maison la leur, mais en font aussi pour nous le « foyer » dans toute la beauté du mot ? Avons-nous jamais pensé à tout ce que nous leur devons pour nous l'avoir gardé fidèlement et honnêtement ? Si tout ce qui est bon dans le monde se mettait à briller tout à coup, et si, placés sur une éminence, nous voyions s'éteindre tous les points lumineux que sont nos bonnes et fidèles servantes, comme la vie deviendrait triste et sombre pour nous ! Et toutes ces institutrices, qui, librement ou non, ont renoncé à la joie de fonder une famille, pour faire de l'école qu'elles dirigent un foyer pour nos enfants ! Si nous avions pris l'habitude de respecter la femme pour elle-même et non pour le père ou le mari que le hasard leur a donné, leur place serait à côté des plus honorés d'entre nous, et on les récompenserait autrement qu'on ne le fait aujourd'hui.

Mais puisque nous en sommes à cette question de la généralité du mariage, je voudrais essayer de mettre fin à une légende qui ne s'est que trop répandue parmi nous.

« Il est prouvé, dit-on, qu'il naît chaque année plus de femmes que d'hommes. Donc, — conséquence immédiate — la nature elle-même impose la polygamie. » J'avoue que le raisonnement me paraîtrait spécieux. Mais il y a mieux, la chose elle-même est fausse. Il naît autant, sinon plus, d'hommes que de femmes. Seulement, comme dès *l'âge fondamental*, la jeunesse masculine mène une vie déréglée et pratique ouvertement une polygamie précoce, la mort, la folie et le suicide font plus de ravages chez elle que chez le sexe féminin. Telle est la véritable explication.

Quant à ceux qui ne peuvent ni se marier ni réfréner leurs passions (surtout lorsqu'ils ont bu), le nombre en est aussi considérable. Malheureusement la société elle-même semble prendre à tâche de les y encourager par sa tolérance. Tout ce qui est propre à exciter le désir s'étale ouvertement dans les villes, à chaque coin de rue, dans l'art, dans la littérature, au théâtre (dont c'est devenu la principale attraction), dans les journaux, dans les expositions, jusqu'au sein même de la famille où tout ce luxe de toilettes, de soirées, de bals et de plaisirs ne fait que développer ce goût dangereux au lieu de nous en détourner.

A côté de cela, voyez la rigueur avec laquelle

nous traitons les déclassés de toute espèce, hommes et femmes. Je sais bien que nous obéissons en cela à une loi toute intime, qui, en dépit de nos erreurs, nous retient sur la voie du progrès, et que ce mépris public, profondément injuste en lui-même, n'est, à tout bien considérer, que la barrière qui contraint les autres à ne pas sortir de la bonne voie. Quoi qu'il en soit, notre tâche est d'aider et non de juger les misérables, et pour cela, il ne faut pas les décourager.

Lorsque l'enfant, né de la faute, est venu au monde, le seul amour de la mère doit être son excuse et son pardon : notre attachement à la *race* nous l'ordonne. Ce ne sont, après tout, que des malades, et tous les malades peuvent être guéris. Il existe en France un grand nombre d'hôpitaux pour recueillir les malheureux atteints de maladies nerveuses, perdus par la boisson, la morphine, l'opium ou la débauche, et on y cite des cures qui eussent été regardées autrefois comme des miracles. Avec le temps, les méthodes employées ne pourront que gagner en sûreté et en art, et nous nous apercevrons alors que nous sommes en présence d'une véritable *maladie*, héritée ou acquise, qui exige des secours ; car je ne saurais trop le répéter, aucune n'est incurable, et on ne se doute pas, sous ce rapport, de ce que peut la science. Seulement il faut avoir le courage d'aller trouver le médecin.

Pour mieux faire comprendre combien nous devons être miséricordieux, je tiens à citer les paroles d'un anthropologiste célèbre. « Dans nos veines, écrit-il, coule le sang d'ancêtres qui ont volé, tué ou vendu leur femme. Aussi ne devons-nous pas être surpris des formes que revêt l'amour chez les Hottentots, ou chez les Australiens, ou des aspects encore plus monstrueux peut-être qu'il prenait aux époques anciennes. De nos jours, tout a changé. Nous pouvons aimer jusqu'à la mort, sans songer à satisfaire notre désir. Notre passion peut se dépouiller de tout instinct et devenir pur sentiment et pure pensée. Notre amour peut embrasser dans le dévouement le plus parfait un objet que nous n'avons jamais vu, et nous pouvons rendre les autres heureux à notre place et nous sacrifier corps et âme à leur bonheur. La volonté a une force telle qu'elle peut commander à la plus tyrannique de toutes les passions et conduire l'animal à se sacrifier pour la race. »

Darwin a dit : « Plus nos forces seront au service de la civilisation, mieux elles seront employées. »

Spencer compare tout ce que nous perdons ainsi à la vapeur qui s'échappe d'une soupape, et conclut qu'elle serait mieux utilisée *au service de la machine*. *Comte* et *Stuart-Mill* sont du même avis. Nous avons donc pour nous les plus grands penseurs contemporains.

Enfin, je rappellerai ici ce que les *Mahométans* et après eux les *Mormons* ont invoqué comme excuse à la polygamie. Ils prétendent que la femme enceinte a besoin d'être laissée libre, sous peine d'infliger à l'enfant un héritage sensuel excessif.

Nous répondrons qu'imposer à la femme, pour l'amour de la race, cette renonciation et cette souffrance, et se dérober ensuite lâchement à son devoir, n'est pas une excuse. Sans contredit la question est très grave. Elle a été étudiée dernièrement au point de vue médical pour la première fois, et malgré les doutes qu'ont émis certains médecins, je crois, pour ma part, à la réalité absolue de cette influence. Il me paraît incontestable que la lutte de la mère pour vaincre (s'il y a lutte) influera par hérédité sur l'enfant qu'elle porte en son sein. Mais il en est de cela comme de certaines vérités, qui ressemblent à des yeux très profonds, derrière lesquels on croirait voir d'autres yeux. Il y a en elles comme un œil fixe qui contemple l'humanité jusqu'à ce qu'elle obéisse.

Avant de conclure, je tiens à dire quelques mots du *divorce*, que l'on envisage généralement comme une sorte de polygamie consacrée par la loi et par conséquent comme une chose inadmissible.

Il est évident que la seule union qui mérite vraiment le nom de mariage est celle qui est conclue avec l'idée qu'on s'engage pour la vie. Cependant, il ne s'en suit pas — à mon avis du moins — qu'il faille la maintenir indissoluble. Depuis que je m'occupe de cette question, j'ai reçu beaucoup de confidences, et j'ai acquis peu à peu cette conviction que, la plupart du temps, le malheur dans les ménages était une conséquence de la vie que l'époux avait menée avant le mariage. La polygamie pratiquée dans la jeunesse entraîne après elle l'infidélité, l'inconstance, le caprice, la froideur, la lassitude, le nervosisme, la défiance, et enfin, le pire, les grandes maladies sexuelles et toutes leurs suites. Mais quand j'ai vu combien les mariages modernes sont conclus à la légère, le divorce m'est apparu comme un remède nécessaire ; et il faudra le supporter tant que nous tolérerons la polygamie préparatoire. Nous n'avons pas le droit de dire à la femme qui se plaint que la vie commune la rend de jour en jour plus malheureuse : « Tu as des enfants à aimer, c'est là qu'est ton salut. » Car si elle avait la force de le chercher en eux, elle ne se sentirait pas chaque jour tomber plus bas.

Il faut que nous perdions cette habitude, si commune parmi les hommes, de considérer la femme séparée comme moins digne de respect que l'épouse. Si une femme a divorcé pour conserver l'estime d'elle-même, elle mérite plus de considération de notre part que la femme mariée, et c'est un devoir pour nous de le lui témoigner publiquement. Malheureusement, au lieu de s'unir pour résister aux hommes, les femmes les servent naïvement sans trop savoir pourquoi. Je ne puis raconter ici comment elles le font, mais je veux citer à ce propos une histoire qui en dira assez sur ce sujet.

Un jour à Paris, dans une exposition, je vis un tableau représentant *Don Juan*, le type du polygame, au moment où le père de Dona Anna quitte le royaume des morts pour l'emmener aux

Enfers. Le bateau qui doit les porter est prêt à mettre à la voile; au gouvernail se trouve le commandeur, et devant lui, Don Juan, les bras croisés, l'air calme. C'est un mâle vigoureux, bien découplé, vêtu d'un costume à la mode espagnole comme on en portait en son temps : le front, assez large, découvre deux yeux d'une attirance étrange, comme fascinatrice.

A ses pieds Dona Anna, et à ses côtés Dona Elvire qui le poursuit toujours. Elles se lamentent et se tordent les mains parce qu'elles sont obligées de l'abandonner... Sur le bord, on aperçoit les « 1003 » que lui seul en Espagne a conquises. Elles aussi ont les bras tendus vers lui, et elles prient, et elles pleurent, les unes hurlant de désespoir, les autres stoïques, muettes, dans la douleur de le voir pour la dernière fois.

Il y avait là tous les types de la volupté, des brunes, des blondes, des grasses, des maigres, des jeunes, des vieilles aussi ! Quelques-unes se précipitaient dans la mer pour le suivre, pour nager après lui jusqu'aux Enfers.

Et en regardant tous ces corps de femmes nues que le pinceau de l'artiste avait évoqués, je repensais aux tailles menues et fines de nos femmes et de nos jeunes filles, et je me demandais comment elles osent profaner ainsi la beauté de leur corps.

Pour s'attirer les compliments des hommes ?

Mince avantage que de satisfaire leurs goûts dépravés, leur idéal de beauté tel que l'a formé la polygamie ! Nos médecins ne sont évidemment pas nos conseillers autant qu'ils devraient l'être ; mais à cet égard ils ont fait leur devoir, et ils nous ont avertis. Cela n'empêche pas malheureusement nos jeunes filles de se serrer la taille jusqu'à en être ridicules, et leurs mères d'y consentir.

Je voudrais, pour terminer, dire un mot aux jeunes gens qui m'entendent. Dans la petite école militaire de la Norvège, il y avait autrefois un homme de la plus haute valeur morale : c'était notre futur évêque *Jorgen Mo*. Il avait acquis, par ses discours et par son esprit, une telle influence sur la jeunesse, qu'il décida ses élèves à prendre l'engagement d'honneur de garder leur chasteté jusqu'à leur mariage. Et son exemple fut suivi.

Quant à nous, nous « voulons » croire à la jeunesse ! Elle ne demande qu'à consacrer ses forces à ce noble idéal, mais il faut le lui présenter sérieusement. Si, quand nous étions jeunes, on nous en avait parlé comme j'essaye de le faire ici, je crois bien que nous nous serions conduits autrement, et que bien des choses dans ce pays ne seraient pas ce qu'elles sont. Si nous voulons arrriver au but, il faut en parler ouvertement.

Une de mes amies de Stockholm, une femme de la plus haute distinction, m'a conté un jour l'anecdote suivante :

Le bruit s'était répandu dans la ville que les jeunes gens d'une des hautes écoles s'étaient livrés une nuit à toutes sortes de débauches ; elle avait parmi eux son fils, un charmant garçon de dix-huit ans. Elle le prit à part, et lui demanda s'il y avait été.

—Non, répondit-il.

— Et pourquoi ?

—Tu m'en avais trop parlé pour que cela me tentât.

Je vous laisse à penser si la mère fut contente ! Je souhaite à beaucoup une pareille joie.

Mais, pour cela, il leur faut s'assurer de la valeur morale de l'homme auquel elles se consacrent.

L'irresponsabilité que nous supportons aujourd'hui ne peut pas durer plus longtemps ; il faut que les suites de la Polygamie dans le mariage s'amoindrissent tous les jours, et c'est aux femmes que cette tâche incombe. C'est à elles qu'il appartient de tenir la Polygamie éloignée de leur foyer et d'en écarter l'esprit de leurs enfants.

FIN

ÉMILE COLIN — IMPRIMERIE DE LAGNY